AF303392

Analyse de l'œuvre

Par Jessica Vansteenbrugge
et Bachir Bourras

Le Papa de Simon

de Guy de Maupassant

Rendez-vous sur lepetitlitteraire.fr et découvrez :

Plus de 1200 analyses
Claires et synthétiques
Téléchargeables en 30 secondes
À imprimer chez soi

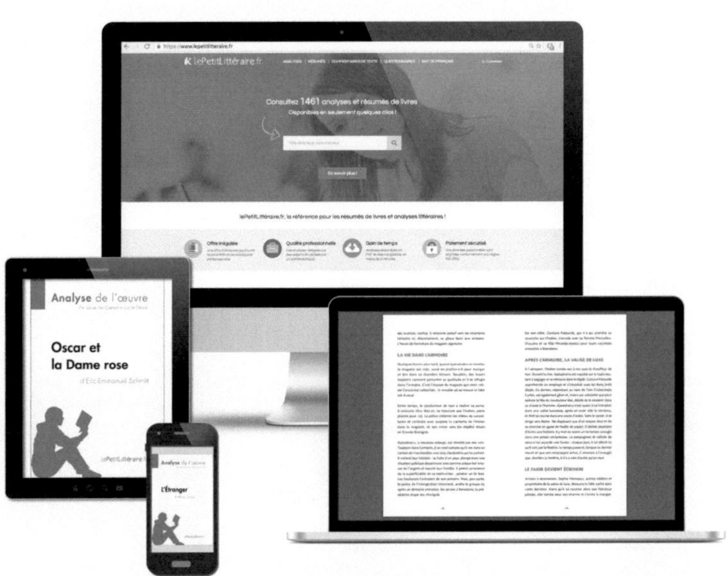

GUY DE MAUPASSANT

ROMANCIER ET NOUVELLISTE FRANÇAIS

- **Né en 1850 à Tourville-sur-Arques (Normandie)**
- **Décédé en 1893 à Paris**
- **Quelques-unes de ses œuvres :**
  - *Boule de suif* (1880), nouvelle
  - *Contes de la bécasse* (1883), recueil de nouvelles
  - *Bel-Ami* (1885), roman

Guy de Maupassant est l'auteur prolifique de six romans et de près de 300 nouvelles. Il passe sa jeunesse en Normandie, où il commence des études de droit. En 1870, il s'engage comme volontaire dans la guerre franco-prussienne (1870-1871), puis s'installe à Paris, où il travaille comme fonctionnaire.

Gustave Flaubert (romancier français, 1821-1880), qui est un ami de sa mère, le prend sous sa protection et l'introduit dans les milieux littéraires. Il fréquente alors les écrivains réalistes et naturalistes, dont Émile Zola (écrivain français, 1840-1902).

De 1880 à 1890, il écrit des romans (*Une vie* [1883], *Bel-Ami*, etc.) et de nombreuses nouvelles réalistes (*Boule de suif*, *La Maison Tellier* [1881], etc.) ou fantastiques (*Le Horla* [1887], *La Peur* [1882], etc.) dans lesquels il rend compte de sa vision pessimiste de la société.

Il sombre dans la folie en 1890 et meurt en 1893.

LE PAPA DE SIMON

UNE PLONGÉE
EN PLEINE CAMPAGNE

- **Genre :** nouvelle réaliste
- **Édition de référence :** *La Maison Tellier et autres nouvelles*, Paris, Gallimard, coll. « Folio », 2005, 207 p.
- **1re édition :** 1879
- **Thématiques :** différence, enfance, parenté, moquerie, mariage

Dans *Le Papa de Simon*, l'auteur nous emmène à la campagne et nous brosse un tableau réaliste du monde rural et de la mentalité des gens qui se révèlent vils et cruels envers ceux qui sont différents d'eux.

Un jour, les enfants de l'école s'en prennent au petit Simon parce qu'il n'a pas de père. Leur comportement n'est que le reflet de ce que pensent leurs mères : la Blanchotte, la mère de Simon, s'est livrée à un homme sans être mariée, et c'est honteux. Cette situation rend Simon très malheureux. Par chance, il croise la route de Philippe, un homme bon qui choisit de ne pas s'arrêter aux préjugés et d'agir avec son cœur.

RÉSUMÉ

Le petit Simon, fils de la Blanchotte, se rend à l'école pour la première fois. Les autres enfants ne le connaissent pas, car Simon sort rarement de chez lui, mais ils ont tous déjà entendu leurs mères parler de la Blanchotte avec un certain mépris, qui les a gagnés eux aussi.

À l'école, un garçon de 14 ou 15 ans leur apprend que Simon n'a pas de papa. Lorsque le fils de la Blanchotte parait, les élèves l'encerclent. Le garçon qui a révélé la nouvelle lui demande son nom de famille. Face à son silence, tous les enfants se moquent de lui : Simon n'a effectivement pas de papa. Tous le considèrent alors avec dédain, comprenant mieux l'attitude de leurs mères.

Simon, atterré, tente de se justifier : il a bien un papa, mais il ignore où celui-ci se trouve. Il interpelle ensuite un autre enfant, dont il sait qu'il n'a pas non plus de père, mais ce dernier se défend en proclamant avec fierté la mort de son père.

Les autres enfants, dont la plupart ont pourtant des pères mauvais, s'allient contre Simon, qu'ils souhaitent écraser à cause de sa différence. L'un d'eux, narquois, lui crie : « Pas de papa, pas de papa ! » (p. 134), ce qui déclenche la colère de Simon et amène les deux enfants à se battre. Lorsque Simon se relève, quelqu'un lui lance : « Va le dire à ton papa ! » (*ibid.*)

À ce moment, c'en est trop pour lui. Simon ne peut retenir ses sanglots, ce qui déclenche la joie des autres enfants qui l'encerclent en dansant et en chantant : « Pas de papa, pas de papa ! » (*ibid.*) Le jeune garçon, dans un sursaut de colère, se met à leur jeter des pierres, et ils finissent par fuir.

Puis, très malheureux, il court vers la rivière avec le dessein de s'y noyer. Il se rappelle un pauvre mendiant qui s'y est tué quelques jours auparavant et qui semblait si bien une fois mort. Seulement, arrivé près de l'eau, il se laisse distraire par la faune locale, puis une petite grenouille attire son attention. Il l'attrape et rit des efforts qu'elle fait pour tenter de s'échapper. Mais il finit par se remettre à pleurer de tout son être.

Soudain, Simon sent une lourde main se poser sur son épaule, et une grosse voix lui demande quelle est la raison de son chagrin. Le petit garçon découvre un grand ouvrier, à qui il raconte son histoire. L'ouvrier reconnait le fils de la Blanchotte et lui propose de le ramener chez lui. Il est content de rencontrer cette Blanchotte, qui est connue pour être une jolie femme, et il nourrit au fond de lui l'espoir que quelque chose pourrait peut-être se passer entre eux, puisque la Blanchotte a déjà fauté auparavant.

Mais en arrivant chez Simon, lorsque l'ouvrier découvre la jeune femme plantée devant sa maison, l'air sévère, il comprend qu'elle ne se fera plus avoir par un homme. L'enfant se précipite vers sa mère et lui relate la triste histoire. Émue, elle l'embrasse en pleurant. Ensuite, Simon s'adresse à l'ouvrier et lui demande s'il accepterait d'être son papa. Il lui répond, sur le ton de la plaisanterie, que oui. Simon lui demande alors comment il s'appelle et l'homme se présente : Philippe. Le petit Simon est heureux, car il peut à présent donner le nom de son papa à l'école.

Le lendemain, à l'école, les enfants s'apprêtent à recommencer leur jeu cruel, mais Simon leur crie bien vite qu'il a un papa, et que celui-ci s'appelle Philippe. Les enfants sont sceptiques.

Trois mois durant, Philippe passe régulièrement près de chez la Blanchotte. Elle reste distante, mais Philippe se plait à croire qu'elle succombe à son charme. Quant à Simon, il aime beaucoup son nouveau papa et se promène avec lui tous les soirs.

Un jour cependant, à l'école, le garçon qui avait provoqué la bagarre avec Simon le premier jour l'accuse d'avoir menti : Philippe n'est pas son père, car si c'était le cas, il serait marié à sa mère. Cette réflexion conduit Simon jusqu'à la forge où travaille Philippe avec quatre autres forgerons.

Simon tire Philippe par la manche et tous s'interrompent. Les travailleurs écoutent le petit Simon exposer son problème. Les ouvriers, plein d'empathie, se regardent, interloqués. L'un d'eux se met à parler de la Blanchotte, expliquant qu'elle a bien du mérite d'élever seule son enfant et qu'elle a été la victime d'un homme qui lui avait promis le mariage avant de l'abandonner. Les trois autres approuvent. Philippe prie alors Simon d'aller prévenir sa maman : il ira lui parler ce soir. Les ouvriers reprennent ensuite leur travail, dans une ambiance de liesse.

Le soir, Philippe va chez la Blanchotte et lui demande si elle veut être sa femme. Très émue, elle accepte. Philippe prend alors le petit Simon dans ses bras, en lui enjoignant de dire à l'école que son papa est Philippe Rémy et qu'il ira tirer les oreilles à tous ceux qui lui feront du mal. Ce que Simon fait dès le lendemain. Plus personne ne rit de lui, car Philippe Rémy est un homme connu et un papa dont chacun serait fier.

ÉTUDE DES PERSONNAGES

SIMON

Simon est un petit garçon de 7 ou 8 ans, pâlot et très propre (deux caractéristiques que l'on retrouve chez sa mère). Il a l'air timide, voire gauche, et il est très proche de sa mère. D'ailleurs, il ne joue pas dans la rue avec les autres enfants et reste toujours chez lui.

Très sensible, il est vite déstabilisé par les invectives des autres enfants, en devient livide et s'appuie même sur un arbre pour ne pas tomber. Il pleure à gros sanglots après les attaques dont il est victime. Son chagrin est si fort qu'il envisage même le suicide. À ce moment, il parait vulnérable et suscite un sentiment de compassion chez le narrateur (« le petit enfant sans père », p. 135 ; « sa petite blouse », p. 134 ; « la petite voix frêle », p. 139).

Cependant, Simon sait aussi se défendre, par

exemple en jetant des pierres aux garnements qui l'agressent, et prendre les choses en main, en demandant à Philippe de devenir son papa. Lorsqu'il se retrouve seul près de la rivière, dans sa douleur, il s'en prend à son tour à une petite grenouille et rit de la souffrance de l'animal. Cet épisode le fait brièvement passer du statut de victime à celui de bourreau.

PHILIPPE

Physiquement, Philippe est un homme viril : il exerce le métier de forgeron, il est grand, a de lourdes mains, une grosse voix et des bras d'Hercule. Il a une barbe et des cheveux noirs frisés.

C'est aussi un homme bon, qui se préoccupe d'un petit enfant qui pleure et le ramène chez lui en le tenant par la main. Il est sensible à la souffrance de Simon et ému par la scène de retrouvailles entre sa mère et lui. Avec les femmes, il semble plutôt mal à l'aise, puisqu'il balbutie en présence de la Blanchotte et est intimidé la première fois qu'il la voit.

Malgré cette bonté, Philippe n'est pas présenté comme un saint et a également quelques penchants moins respectables. Au début, l'aide qu'il offre à Simon est intéressée. La raison initiale qui le pousse à ramener le petit garçon à sa mère, c'est la possibilité de séduire la Blanchotte : il sait que celle-ci s'est déjà offerte à un homme (le père de Simon) et il espère jouir du même type de faveur, d'autant plus qu'il a entendu dire qu'elle est une très jolie femme.

LA BLANCHOTTE

La Blanchotte est une jeune femme célibataire qui vit avec son petit garçon, qu'elle élève seule. En cela, elle est méritante et courageuse. Elle est grande et pâle, mais très jolie : il est dit qu'elle est l'une des plus belles filles du pays.

Elle a été trahie par un homme qui lui avait promis le mariage, mais l'a abandonnée quand elle est tombée enceinte. Elle est par conséquent devenue méfiante envers les hommes. C'est la raison pour laquelle elle prend un air sévère quand Philippe lui parle et ne plaisante pas avec lui. Elle est par ailleurs soucieuse de sa réputation et ne sort plus de chez elle que pour aller à l'église.

Sa maison est très propre, tout comme son

petit garçon. C'est aussi quelqu'un de fier, et elle éprouve de la honte lorsque Simon lui relate les faits dont il a été victime, puis lorsqu'il demande à Philippe de devenir son papa. En même temps, elle est meurtrie jusqu'au fond de sa chair quand son fils, dont elle est très proche, lui raconte ce que les autres enfants lui font subir. Elle l'embrasse avec violence pendant que des larmes rapides coulent sur ses joues.

LE GROUPE D'ENFANTS

Les enfants représentent les gens de la campagne, qui est le lieu de la fiction. Ils sont imprégnés de la pensée de leurs parents et, par là même, en sont le reflet. Les enfants, dans leur spontanéité naturelle, se renvoient à la figure, sans prendre de gants, les médisances que les parents échangent discrètement entre eux. C'est ainsi qu'ils s'en prennent à Simon, parce qu'ils ont entendu leurs mères critiquer la Blanchotte à cause de son statut de mère célibataire.

En tant que groupe, ils sont méchants et cruels, rejetant ce qui est différent – ici un petit garçon qui n'a pas de père. Le narrateur dit d'ailleurs qu'ils sont plus proches des bêtes que des hommes. De plus, ils sont lâches. En effet, ils n'hésitent pas à s'en prendre à un enfant seul et plus petit qu'eux, et ils s'enfuient lorsque Simon leur lance des pierres.

Si les enfants se vantent chacun d'avoir un père, ces hommes ne sont cependant pas très appréciables : ils sont décrits comme méchants, ivrognes, voleurs et durs avec leurs femmes.

CLÉS DE LECTURE

LA NOUVELLE, UN GENRE BREF ET CONDENSÉ

Des origines à Maupassant

Le Papa de Simon est une nouvelle. On définit généralement la nouvelle comme un court récit en prose ou en vers. Tantôt court roman, tantôt longue nouvelle, on se perd vite si l'on s'en tient à la seule longueur du texte. Et les dictionnaires ne sont pas pour aider : le Littré définit la nouvelle comme une « sorte de roman très court, récit d'aventures intéressantes ou amusantes » (« nouvelle », in *littre.org*). Son intrigue est brève et simple ; peu de personnages évoluent dans l'espace du texte.

C'est le succès du *Décaméron* de Boccace (écrivain italien, 1313-1375), composé entre 1348 et 1353, qui acte la naissance de la *novella* comme genre littéraire à part entière. De siècle en siècle, le genre ne cesse de se renouveler en passant sous les diverses plumes d'auteurs européens.

En France, les nouvellistes du Grand Siècle (c'est-à-dire du siècle du règne du roi Louis XIV [1638-1715) affinent la psychologie des personnages. Aidé par l'essor de la presse, le XIXe siècle voit fleurir les productions brèves. Tous les auteurs de l'époque s'y sont essayés : de Balzac (1799-1850) à Zola, en passant par Mérimée (1803-1870), Flaubert ou Stendhal (1783-1842).

Mais c'est au nom de Maupassant que le genre de la nouvelle, que l'auteur nomme conte, reste associé. Il est vrai que sa maitrise du style, la diversité de ton tout autant que la variété des thèmes employés, du plus cocasse au plus anodin, en passant par des récits plus effrayants, font de l'auteur normand un maitre incontesté du genre.

Qu'elle emprunte la voie du réalisme, du fantastique, du policier ou de la science-fiction, la nouvelle offre, par sa brièveté et le brio exigé, une formule qui plait encore de nos jours et ravit un lectorat toujours aussi large.

Schéma narratif

Il est intéressant de se pencher sur le schéma

narratif du *Papa de Simon* afin de vérifier que nous y retrouvons bien les différentes caractéristiques de la nouvelle.

Situation initiale : c'est le début de l'histoire, le moment où on plante le décor et où on présente les personnages ; la situation est équilibrée, c'est-à-dire qu'elle n'a aucune raison d'évoluer.

- Le petit Simon vit seul avec sa mère et n'a pas de papa.

Élément perturbateur : c'est un évènement qui vient perturber la situation initiale et qui va déclencher l'histoire proprement dite.

- Lorsque Simon se rend à l'école pour la première fois, les enfants s'en prennent à lui parce qu'il n'a pas de papa.

Péripéties : ce sont les évènements provoqués par l'élément perturbateur et qui entrainent la ou les actions entreprises par le héros pour résoudre le problème.

- Simon s'enfuit vers la rivière en vue de s'y noyer. Il oscille entre la béatitude liée au spectacle de la nature et la détresse de sa situation personnelle lorsque Philippe arrive et parle avec lui. Ils se dirigent ensemble vers la maison de la Blanchotte, et Simon explique les faits à sa maman. Il demande ensuite à Philippe d'être son papa. Le lendemain, Simon annonce aux enfants de l'école qu'il a un papa nommé Philippe, et il se promène presque tous les soirs avec ce nouveau père. Cependant, un jour, un enfant de l'école dit à Simon que Philippe ne peut être son papa parce qu'il n'est pas le mari de sa maman. Simon s'en va alors vers la forge où travaille Philippe pour lui expliquer son problème. Après que le petit garçon a conté son histoire, les forgerons avec lesquels Philippe travaille vantent les mérites de la Blanchotte.

Dénouement : il met un terme aux péripéties et conduit à la situation finale.

- Philippe demande à la Blanchotte d'être sa femme.

Situation finale : c'est la fin de l'histoire. La situation est à nouveau stable, comme la situation initiale, mais elle a subi des transformations.

- À l'école, Simon déclare que Philippe Rémy est

son papa, et qu'il ira tirer les oreilles à tous ceux qui l'ennuieront. Chacun se tait, car Philippe Rémy est un homme qui suscite l'admiration de tous.

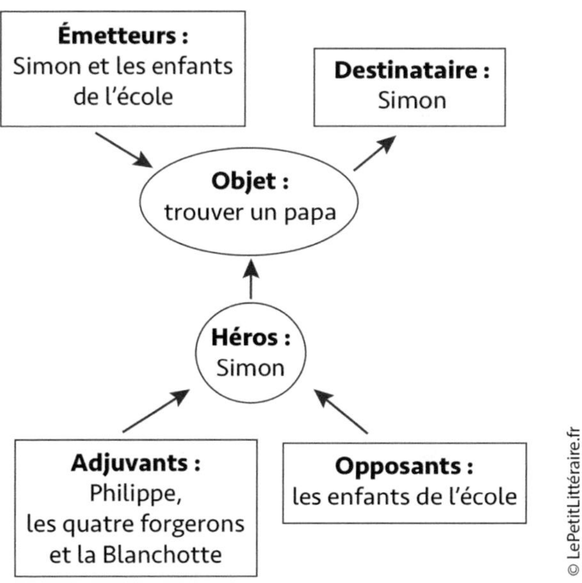

Schéma actanciel

Dans le même but, il est intéressant également de se pencher sur le schéma actanciel de cette nouvelle. Le schéma actanciel est un outil d'analyse littéraire qui permet d'étudier les relations entre les différents personnages, les actants, là où le schéma narratif s'intéresse plutôt aux actions.

Dans *Le Papa de Simon*, le jeune héros, Simon, est confronté à la méchanceté de ses camarades, qui se moquent de lui parce qu'il n'a pas de papa. Les enfants sont donc à la fois les opposants de Simon, mais aussi en partie les émetteurs de sa quête. En effet, Simon se donne pour but de trouver un papa en réponse aux moqueries qu'il subit.

En conclusion, nous pouvons effectivement retrouver les différentes caractéristiques de la nouvelle dans *Le Papa de Simon* :

- l'intrigue se concentre sur un évènement unique : Simon veut se trouver un papa. Il n'y a pas d'intrigues secondaires ;
- il n'y a que quatre personnages (Simon, Philippe, la Blanchotte et les enfants de l'école que l'on peut considérer comme un tout) ;
- les lieux sont peu nombreux (l'école, la rivière, la maison de Simon et la forge où travaille Philippe) ;
- la fiction s'étale sur une courte durée. Si elle

dure en réalité trois mois, l'essentiel de l'action se déroule en quatre jours. Le premier jour, Simon se fait agresser à l'école, puis il rencontre Philippe. Le lendemain, il annonce à l'école qu'il a un papa nommé Philippe. Trois mois s'écoulent ensuite, durant lesquels Philippe et Simon se rapprochent, mais qui ne sont que très peu évoqués. Arrive enfin le jour où un enfant de l'école signale à Simon que Philippe ne peut être vraiment son papa, car il n'est pas marié à sa maman, ce qui entraine la demande en mariage de Philippe à la Blanchotte. Le quatrième jour, Simon annonce le prénom et le nom de son nouveau papa aux enfants de l'école.

LE RÉALISME

Une nouvelle réaliste

Ayant vécu dans la deuxième moitié du XIXe siècle, Maupassant est classé parmi les auteurs réalistes. C'est vrai, mais sous ce terme finissent par se retrouver des auteurs aux conceptions du réalisme parfois éloignées les unes des autres : le réalisme des Goncourt (écrivains français, Edmond [1822-1896] et Jules [1830-1870]) n'est pas celui d'un Flaubert, qui n'est pas celui d'un Hugo (écrivain français, 1802-1885). Une étude attentive des œuvres et correspondances des auteurs tend à nuancer les choses et à faire ressortir le leurre des étiquettes.

Pour autant, la nouvelle de Maupassant est bien une nouvelle réaliste, c'est-à-dire qu'elle se veut vraisemblable : l'objectif de l'auteur est de représenter le réel tel qu'il est, sans l'embellir. Comme tous les grands auteurs, Maupassant a su donner sa vision du monde à travers un attachement particulier aux mécanismes humains et sociaux. C'est à cette fin que concourt la recherche de la vraisemblance et de l'originalité stylistique.

Dans *Le Papa de Simon*, on retrouve des enfants méchants et cruels qui rejettent un autre enfant parce qu'il n'a pas de père. Ils sont le reflet de la mentalité de leurs parents et, par là même, de celle d'un siècle où la norme était la famille et où les mères célibataires étaient méprisées. Cette histoire pourrait donc très bien avoir réellement eu lieu, d'autant plus qu'il existe une similitude entre le thème de la nouvelle et la vie de l'auteur : en effet, Maupassant a été élevé par sa mère seule.

Soit une définition scolaire du courant réaliste : le courant réaliste en littérature nait au milieu du XIXᵉ siècle et est représenté par des écrivains comme Balzac, Flaubert ou Maupassant, qui rejettent le lyrisme romantique. Leur ambition est d'offrir une vision précise du monde dans lequel ils vivent, sans craindre d'en montrer la laideur ou la médiocrité.

Rien de plus aisé qu'un étiquetage et découpage d'une époque, rien de plus captieux également, car le réalisme, que l'on cantonne généralement à la seconde moitié du XIXᵉ siècle (de 1848 à 1865 précisément), à travers l'œuvre d'un Flaubert, d'un Hugo ou d'un Balzac, traverserait plutôt, nous croyons, les époques. En effet, la tradition de *mimesis* (ou imitation de la réalité) traverse l'histoire de la littérature occidentale, depuis l'Antiquité (Homère [poète épique grec, VIIIᵉ siècle av. J.-C.]) jusqu'au XXᵉ siècle (Virginia Woolf [romancière britannique, 1882-1941]), en témoigne l'œuvre phare d'Erich Auerbach (critique et philologue allemand, 1892-1957), Mimésis. La représentation de la réalité dans la littérature occidentale (1946 ; 1968 pour la traduction française).

En sus de poser problème quant à sa délimitation historique, le réalisme pose doublement problème lorsque l'on s'attache à le définir comme représentation « fidèle » de la société et de l'homme. C'est sur cette fidélité à la réalité extérieure que la prétention initiale s'achoppe, car, ainsi que l'affirme Zola « une œuvre d'art est un coin du monde vu à travers un tempérament » (« Mon Salon. Les réalistes du salon », in *Écrits sur l'art*, Paris, Gallimard, coll. « Tel », 1991, p. 125). C'est là le premier « écran » à s'interposer entre le monde et l'artiste qui, ainsi, interprète le réel plutôt qu'il ne le copie de façon objective.

Ces écrans sont multiples ; et, en fin de compte, sa conception de la littérature et du roman oblitère le projet initial. N'oublions pas que l'auteur opère un choix, depuis le déroulé des évènements au choix des personnages, en passant par l'emploi d'un style particulier qui devient identité. En fait, ce que l'auteur vise, n'est nullement une description aigüe de la réalité, mais plutôt une illusion de réel. Il conviendrait donc de parler des réalismes. Du côté du lecteur, l'auteur aura d'autant plus atteint son but que son œuvre sera contigüe au monde réel concret.

Une illusion de réalité

Dans sa préface-manifeste intitulée « Le roman », placée en tête de son roman *Pierre et Jean* (1888), ainsi que dans sa correspondance avec des figures du naturalisme telles Zola ou les frères Goncourt, Maupassant n'aura de cesse d'affiner sa position, jusqu'à énoncer ce paradoxe : « Les réalistes de talent devraient s'appeler plutôt des illusionnistes », dans lequel point une forme de rejet des étiquettes. Si Maupassant cultive l'illusion, il rejette forcément le slogan réaliste et naturaliste (« Toute la vérité, rien que la vérité ») et les exigences d'objectivité contraignant l'auteur à l'effacement.

Ainsi, selon Maupassant, la réalité n'existe qu'à travers une subjectivité. Aussi la forme brève de la nouvelle lui permet de faire plier sa conception de la réalité à la forme littéraire. Le tout est d'assimiler le réel, de lui faire passer le filtre de sa propre personnalité. On voit bien comment, à partir de là, la réalité et, surtout, la vérité sont deux notions bien subjectives. Au lecteur de compléter par la suite ce morceau de tableau délivré par la nouvelle. L'indétermination du cadre spatiotemporel sert cette suggestion. La campagne des paysans décrite dans la nouvelle se résume à quelques termes qui font « signe » et doivent permettre au lecteur de se figurer le reste. Le village, la rivière ainsi que la forge sont en réalité des repères auxquels tout lecteur du XIXᵉ siècle pouvait se référer.

En ce qui concerne les personnages, à la différence du genre romanesque, la nouvelle maupassantienne ne fournit pas d'analyse poussée des caractères. En effet, dans *Le Papa de Simon*, les personnages, très généraux et stéréotypés, sont brossés à grands traits, ce que permet l'usage du déterminant défini masculin et pluriel : ainsi, les camarades du petit Simon sont tour à tour « les gamins » (DE MAUPASSANT G., *La Maison Tellier et autres nouvelles*, Paris, Gallimard, coll. « Folio », 2005, p. 132) ; « les gars » (*ibid.*, p. 133) ; « les enfants » (*ibid.*) ; « les garnements » (*ibid.*, p. 134).

En face, seul Simon est pourvu d'une identité, sommaire certes, mais également doté d'un trait physique unique : sa pâleur (« Il était un peu pâlot », *ibid.*, p. 133), partagée avec sa mère dont le surnom est « la Blanchotte ».

En somme, l'intérêt de la nouvelle de Maupassant tient plus à l'action ou à l'histoire narrée qu'aux personnages. Il n'est par ailleurs pas impossible de lire cette esthétique du flou ou de l'indétermination comme une métaphore de l'hermétisme des milieux sociaux où chacun est un intrus pour autrui. Ainsi, dans les nouvelles maupassantiennes, les problématiques sociales, le déterminisme et une foi en un pessimisme se répondent et alimentent la flamme d'un réalisme social.

UNE VISION PESSIMISTE DU MONDE

À partir des années 1870, les propos d'un d'Arthur Schopenhauer (1788-1860), font grand bruit en Europe. Le premier ouvrage du philosophe allemand parait en France sous la forme d'aphorismes (c'est-à-dire de courtes phrases résumant une vérité fondamentale) traduits par Burdeau (philosophe et homme politique français, 1851-1894) en 1880 sous le titre de *Pensées, maximes et fragments de Schopenhauer.* De ce fait, avant la traduction complète en 1886 du *Monde comme volonté et représentation*, œuvre majeure du philosophe allemand, on peut déjà lire la vanité du monde, l'inanité de la vie et le pessimisme de Schopenhauer, auxquels Maupassant finira par souscrire.

Il convient de se demander dans quelle mesure *Le Papa de Simon*, en prenant la forme d'une parabole (court récit à visée moralisatrice), répond à cette vision pessimiste du monde.

Le rejet de l'autre

Réfléchissant à l'apport de Maupassant dans le champ de l'histoire littéraire, Jacques Dubois écrit :

> « [Maupassant] apparait surtout comme celui qui assure la transition du naturalisme au réalisme subjectif, mettant l'accent sur la manière dont une conscience individuelle s'assimile le monde et les autres. » (DUBOIS J., *Les romanciers du réel, de Balzac à Simenon*, Paris, Seuil, coll. « Points », 2000, p. 256)

C'est généralement l'exclusion vécue comme un

choc individuel qui fournit à l'auteur le prétexte à la libération de la part sombre de l'homme. Voilà qui autorise une lecture différente de ce que l'on peut nommer l'épisode de la grenouille (p. 136). Après avoir fui ses agresseurs, le petit Simon se retrouve près d'un cours d'eau où il éprouve une grenouille (par esprit de révolte ? de vengeance ? de purgation ?) en la retenant. Autrement, l'on peut aussi évoquer le cas de *Boule de suif* (1880).

BOULE DE SUIF

Boule de suif est une nouvelle de Maupassant publiée dans le recueil des *Soirées de Médan* (1880). En pleine guerre franco-prussienne, dix voyageurs tentent de fuir en prenant la diligence. Sur leur route, ils apprécient la charité d'une jeune femme, surnommée Boule de suif, qui leur offre de ses provisions pour calmer une faim vive en cet hiver 1870 rigoureux. Quoique personne n'ignore sa triste condition de prostituée, chacun a un mot complaisant pour la jeune femme.

Tout bascule lorsque le groupe est arrêté par un officier prussien qui réclame, comme condition de départ, les faveurs de la jeune femme. Refusant d'abord, celle-ci finit par céder face à l'impatience du reste de l'équipage. Au quatrième jour, la diligence repart, et Boule de suif n'obtient, pour tout remerciement, que le mépris glacial de ses compagnons de route.

Et tout l'art de Maupassant se joue à l'intérieur de la phrase, lorsqu'en un mot la maitrise stylistique se fait vectrice de la complexité du monde ; une façon de nous faire comprendre que derrière un mot, ou un homme, s'en cache un autre à déchiffrer. Ainsi cette phrase :

> « Les enfants étaient stupéfaits par cette chose extraordinaire, impossible, monstrueuse – un garçon qui n'a pas de papa ; ils le regardaient comme un phénomène, un être hors de la nature, et ils sentaient grandir en eux ce mépris, inexpliqué jusque-là, de leurs mères pour la Blanchotte. » (DE MAUPASSANT G., *La Maison Tellier et autres nouvelles*, Paris, Gallimard, coll. « Folio », 2005, p. 133)

La gradation (« extraordinaire, impossible, monstrueuse ») doublée du rythme ternaire retranscrit au niveau verbal et stylistique l'exaltation commune, pour ne pas parler d'une hystérie collective qui a touché le village. Le terme « monstrueux » constitue, par syllepse oratoire – cette figure de style consiste en la rencontre, dans l'usage du mot, du sens propre et du sens figuré –, le point essentiel du passage.

En effet, le monstre, du latin *monstrare*, est étymologiquement celui que l'on montre, que l'on pointe du doigt, en raison de difformités physiques ou de toute autre particularité, tandis que le sens figuré de « monstrueux » ne conserve que l'étonnement, le sentiment d'horreur suscité par l'objet désigné.

La cruauté

De la peur et du rejet de l'autre à la violence, il n'y a qu'un pas. Pour Maupassant, l'homme est « une bête à peine supérieure aux autres » (DE MAUPASSANT G, *Sur l'eau*, Paris, Gallimard, coll. « Folio classique », 1993, p. 60). Et les enfants ne sont pas en reste. Leur bestialité est soulignée dans cette phrase, particulièrement longue en regard de l'ensemble du texte, et qui appelle, de ce fait, un commentaire :

> « Les enfants riaient, très excités ; et ces fils des champs, plus proches des bêtes, éprouvaient ce besoin cruel qui pousse les poules d'une basse-cour à achever l'une d'entre elles aussitôt qu'elle est blessée. » (DE MAUPASSANT G., *La Maison Tellier et autres nouvelles*, Paris, Gallimard, coll. « Folio », 2005, p. 133)

La phrase est remarquable par le déséquilibre volumétrique entre la protase (ou phase ascendante de la phrase jusqu'au point-virgule) et l'apodose (phase descendante), elle-même doublée d'un rythme ternaire. La cadence majeure, qui fait se juxtaposer des groupes syntaxiques de volume de plus en plus important, amorce un effet d'accumulation en même temps qu'elle souligne la transformation progressive des enfants en animaux. La gradation est éloquente : on passe successivement des « enfants » aux « fils des champs », puis aux « bêtes », et la transformation devient effective avec la mention des « poules ».

Entre cynisme et darwinisme primaire (doctrine scientifique de Charles Darwin, naturaliste britannique [1809-1882], selon laquelle seules les espèces les plus fortes sont sélectionnées naturellement et survivent à l'évolution), le comportement des enfants est dicté par un instinct qui agit comme une force obscure, « ce besoin cruel qui pousse » (*ibid.*), et fait écho à ce mépris « qui avait gagné les enfants sans qu'ils sussent du tout pourquoi » (p. 132).

Plus que jamais dans cette nouvelle, Maupassant réalise la gageüre de condenser la complexité du tissu social et de la nature humaine en quelques pages où brillent talent et acuité d'analyse.

PISTES DE RÉFLEXION

QUELQUES QUESTIONS POUR APPROFONDIR SA RÉFLEXION...

- Quelle(s) différence(s) faites-vous entre les termes de « courant », « mouvement » et « école » ? Qu'en est-il du réalisme au regard de vos recherches personnelles ?
- La nouvelle *Le Papa de Simon* illustre-t-elle la définition du réalisme telle qu'elle est promue par Maupassant lui-même ?
- Après avoir fait quelques recherches sur le naturalisme, vous tenterez d'expliquer les affinités de l'œuvre de Maupassant avec le naturalisme.
- « Voir clair, c'est voir noir. » (*Mauvaises pensées*, Rivages, Paris, 2016) Appliqueriez-vous ce jugement de Paul Valéry à l'œuvre de Maupassant ?
- Pensez-vous que Maupassant puisse être considéré comme un auteur pessimiste ?
- En vous appuyant sur vos lectures, vous réflé-chirez à la place des femmes dans l'œuvre de

Maupassant.

- Dans *Le Papa de Simon*, Philippe est finalement comparé à Hercule. Relevez les différents éléments qui annoncent cette hyperbole finale.
- Quel est l'intérêt, selon vous, de l'épisode de la grenouille dans l'économie de la nouvelle ?
- Écrivez l'histoire de la Blanchotte.
- Lisez *Coco*, une autre nouvelle de Maupassant. Vous comparerez ensuite le personnage de Zidore à celui de Simon.

POUR ALLER PLUS LOIN

ÉDITIONS DE RÉFÉRENCE

- DE MAUPASSANT G., *Le Papa de Simon et autres nouvelles*, Paris, Flammarion, coll. « Étonnants Classiques », 2008.
- DE MAUPASSANT G., *La Maison Tellier et autres nouvelles*, Paris, Gallimard, coll. « Folio », 2005.

ÉTUDES DE RÉFÉRENCE

- BECKER C., *Lire le Réalisme et le Naturalisme*, Paris, Dunod, 1998.
- DUBOIS J., *Les romanciers du réel, de Balzac à Simenon*, Paris, Seuil, coll. « Points Essais », 2000.
- ZOLA É., « Mon Salon. Les réalistes du salon », in *Écrits sur l'art*, Paris, Gallimard, coll. « Tel », 1991.

SUR LEPETITLITTÉRAIRE.FR

- Commentaire de la préface de *Pierre et Jean* de Guy de Maupassant.
- Fiche de lecture sur *Bel-Ami* de Guy

de Maupassant.

- Fiche de lecture sur *Boule de suif* de Guy de Maupassant.
- Fiche de lecture sur *La Maison Tellier* de Guy de Maupassant.
- Fiche de lecture sur *La Parure* de Guy de Maupassant.
- Fiche de lecture sur *La Peur et autres contes fantastiques* de Guy de Maupassant.
- Fiche de lecture sur *Le Horla* de Guy de Maupassant.
- Fiche de lecture sur *Les Contes de la Bécasse* de Guy de Maupassant.
- Fiche de lecture sur *Mademoiselle Perle et autres nouvelles* de Guy de Maupassant.
- Fiche de lecture sur *Pierre et Jean.*
- Fiche de lecture sur *Une vie* de Guy de Maupassant.
- Questionnaire de lecture sur *La Parure.*
- Questionnaire de lecture sur *Le Papa de Simon.*

DUMAS
- Les Trois
  Mousquetaires

ÉNARD
- Parlez-leur
  de batailles,
  de rois et
  d'éléphants

FERRARI
- Le Sermon sur la
  chute de Rome

FLAUBERT
- Madame Bovary

FRANK
- Journal
  d'Anne Frank

FRED VARGAS
- Pars vite et
  reviens tard

GARY
- La Vie devant soi

GAUDÉ
- La Mort du
  roi Tsongor
- Le Soleil des
  Scorta

GAUTIER
- La Morte
  amoureuse
- Le Capitaine
  Fracasse

GAVALDA
- 35 kilos d'espoir

GIDE
- Les
  Faux-Monnayeurs

GIONO
- Le Grand
  Troupeau
- Le Hussard
  sur le toit

GIRAUDOUX
- La guerre de
  Troie
  n'aura pas lieu

GOLDING
- Sa Majesté des
  Mouches

GRIMBERT
- Un secret

HEMINGWAY
- Le Vieil Homme
  et la Mer

HESSEL
- Indignez-vous !

HOMÈRE
- L'Odyssée

HUGO
- Le Dernier Jour
  d'un condamné
- Les Misérables
- Notre-Dame
  de Paris

HUXLEY
- Le Meilleur
  des mondes

IONESCO
- Rhinocéros
- La Cantatrice
  chauve

JARY
- Ubu roi

JENNI
- L'Art français
  de la guerre

JOFFO
- Un sac de billes

KAFKA
- La Métamorphose

KEROUAC
- Sur la route

KESSEL
- Le Lion

LARSSON
- Millenium I. Les
  hommes qui
  n'aimaient pas
  les femmes

LE CLÉZIO
- Mondo

LEVI
- Si c'est un
  homme

LEVY
- Et si c'était vrai…

MAALOUF
- Léon l'Africain

MALRAUX
- La Condition humaine

MARIVAUX
- La Double Inconstance
- Le Jeu de l'amour et du hasard

MARTINEZ
- Du domaine des murmures

MAUPASSANT
- Boule de suif
- Le Horla
- Une vie

MAURIAC
- Le Nœud de vipères

MAURIAC
- Le Sagouin

MÉRIMÉE
- Tamango
- Colomba

MERLE
- La mort est mon métier

MOLIÈRE
- Le Misanthrope
- L'Avare
- Le Bourgeois gentilhomme

MONTAIGNE
- Essais

MORPURGO
- Le Roi Arthur

MUSSET
- Lorenzaccio

MUSSO
- Que serais-je sans toi ?

NOTHOMB
- Stupeur et Tremblements

ORWELL
- La Ferme des animaux
- 1984

PAGNOL
- La Gloire de mon père

PANCOL
- Les Yeux jaunes des crocodiles

PASCAL
- Pensées

PENNAC
- Au bonheur des ogres

POE
- La Chute de la maison Usher

PROUST
- Du côté de chez Swann

QUENEAU
- Zazie dans le métro

QUIGNARD
- Tous les matins du monde

RABELAIS
- Gargantua

RACINE
- Andromaque
- Britannicus
- Phèdre

ROUSSEAU
- Confessions

ROSTAND
- Cyrano de Bergerac

ROWLING
- Harry Potter à l'école des sorciers

SAINT-EXUPÉRY
- Le Petit Prince
- Vol de nuit

SARTRE
- Huis clos
- La Nausée
- Les Mouches

SCHLINK
- Le Liseur

Analyse de l'œuvre
Germinal
d'Émile Zola

Analyse de l'œuvre
L'Étranger
d'Albert Camus

Analyse de l'œuvre
Le Père Goriot
de Balzac

Analyse de l'œuvre
Candide
ou l'Optimisme
de Voltaire

Analyse de l'œuvre
Oscar et la
Dame rose
d'Éric-Emmanuel Schmitt

lePetitLittéraire.fr

L'éditeur veille à la fiabilité des informations publiées, lesquelles ne pourraient toutefois engager sa responsabilité.

www.lepetitlitteraire.fr

ISBN version numérique : 978-2-8062-2654-9
ISBN version papier : 978-2-8062-2656-3
Dépôt légal : D/2017/12603/572

Avec la collaboration de Bachir Bourras pour l'encadré sur *Boule de suif*, ainsi que pour les chapitres « Des origines à Maupassant », « Une illusion de réalité » et « Une vision pessimiste du monde ».

Conception numérique : Primento, le partenaire numérique des éditeurs.

Ce titre a été réalisé avec le soutien de la Fédération Wallonie-Bruxelles, Service général des Lettres et du Livre.